VOCES NUEVAS

VOCES NUEVAS
(XXXVII Selección)
Primera edición: abril 2024
Derechos reservados:
Ediciones Torremozas

© de esta edición: Ediciones Torremozas
© cada autora, de sus poemas seleccionados

I.S.B.N.: 978–84–7839–928–4
Depósito Legal: M–11174–2024
Impreso en Madrid

EDICIONES TORREMOZAS

ediciones@torremozas.com
www.torremozas.com

VOCES NUEVAS

(XXXVII SELECCIÓN)

374

COLECCIÓN TORREMOZAS

Cumpliendo uno de los principales objetivos de nuestra Colección —dar a conocer nuevas voces poéticas y estimular su vocación— publicamos este XXXVII volumen en el que se recogen diez autoras inéditas.

La selección ha sido realizada por el comité de lectura de Ediciones Torremozas.

Olga Azábal Domínguez

OLGA AZÁBAL DOMÍNGUEZ nació en Plasencia (Extremadura) y ha vivido en Lleida, Zaragoza, Santander y Cáceres. Es licenciada en Filología Clásica. Ha impartido clases de Griego y actualmente de Lengua y Literatura en Madrid.

Mientras el agua hierve
el cuchillo se desliza
y fragmenta un limón
para el té de la tarde.
El cuchillo también corta
la lista
de los alimentos innecesarios
(se desprende una lasca del padre).
Uno nunca se acostumbra
a la memoria del filo.

El vecino que baja la basura
somos nosotros cada tarde
cuando hemos de recoger
los desechos de la mañana.
Una bolsa pequeña, a veces,
discreta, casi imperceptible.
Otras veces los brazos se tensan
para que no ceda la carga.
Un acto tan nimio
nos muestra y expone.
Poco o mucho que sacar
para que nadie sepa
de aquello que nos falta.

Los niños juegan abajo
y la tarde se arropa de nubes
sin que a ellos les importe.
En esa edad difusa
cuando aún no se habita el cuerpo
y una risa mide lo mismo que un llanto,
no existe la herida.
Llegan las voces, el alboroto
mientras los padres en las casas
artífices de lo cotidiano
desdoblan la vida.
Luego, la noche cae
y suben rendidos.
Pero ha sido su día
más día que el nuestro
porque lo hicieron todo
como por vez primera
y el nuestro es un día
que ya nos falta.

¿Acaso tú pensabas que el tiempo
es lo que le ocurre a otros,
que no rompe
el bolsillo de tu pantalón
y recoge del peine los cabellos del día,
solo porque sonríes al sentarte en el coche
mientras te pintas los labios
como si eso frenara
lo que está por venir?

Beatriz Bowles Vilela

BEATRIZ BOWLES VILELA nació en Río de Janeiro en 1986, creció en Brasilia y vive en Barcelona desde 2015. Es periodista, escritora y traductora. Está especializada en Crítica de Arte por la Universitat de Girona (UdG) y tiene un máster en Comunicación Social por la Universidade de Brasília (UnB).

Recibió una Mención de Honor por su poema «voejo» en el Festival de Poesía de Lisboa, en 2023. Sus textos aparecen en varias publicaciones, tanto en Brasil como en Europa.

Tiene publicado el libro *Ousadia em Imagens* (Brasília: ITS, 2012).

BALDÍA

sigo las pistas
de mi pluma
por el papel
en el surco que deja
encuentro las huellas
de recuerdos distintos
trato de escribir
partitura poética
recitar una vida
partida en múltiples
muestras de Bolivia-Brasil
el poema dice
que seguiré labrando
la memoria
baldía.

COREOGRAFÍA

bailé al borde de mi vida
quería entregarme a la coreografía del miedo
(el miedo a la danza aborrecida)
sin autorizarlo a extenderse por los tiernos recuerdos
de una fuerza caduca

bailé el silencio las preguntas la tristeza afónica
ballet jazz danza contemporánea
bailé desde los pocos años hasta los once
bailé hasta que el miedo se asomó al escenario
y me dije basta y les dije que ya no quería más
(era mentira)

en las funciones echaban humo

humareda
humazo
vapor
nube

y la silla de mi madre terminaba semidesierta
apenas rellena de la frustración del corte
(de ver cómo el propio soplo se extinguía).

¿cómo escribo? esto que me duele ahora. es viernes. hago el camino de vuelta a casa: a pasos ligeros, en veinte minutos llegaré. ¿cómo escribo? esto. mi pecho está hinchado, pulsa como una herida inundada de angustias. la respiración fuera de ritmo desvanece cuando nota mi descaso. el frío me aprieta, me convierte fantoche. ¿cómo escribo? este vacío roído, este suspiro ahogado en mi tripa, este borboteo. como si a cada atardecer me esperara una despedida. esta ausencia crujiente podría ser también un abrazo usado y molesto. ¿cómo escribo? esto. este desasosiego de origen. mis pensamientos se derriten como la mantequilla en la sartén caliente, con una rapidez sumisa. no estoy sola pero siento mi entorno como una extensión desierta, agreste. ¿cómo escribo? esto. que no es nostalgia ni esperanza. esta cosa muerta que se porta como viva, valiente, vital. esta represa que quema aunque sea nula. ¿cómo escribo? este llanto que navega por dentro y no logra regar. ¿cómo escribo?

ROCA

un pecho de caminos delgados
un pecho   un peñasco forzoso
un pecho   una burbuja hueca
el pulmón de mi madre
el pulmón casi como alguien aparte
cuyos recuerdos
aún se agitan
como si hubiese sido
          ayer
que el peso del mundo
          decaía
sobre su eje estrecho.

Nohora Viviana Cardona Núñez

NOHORA VIVIANA CARDONA NÚÑEZ nació en Cali (Colombia). Es licenciada en Literatura por la Universidad del Valle, en la que también obtuvo su maestría en Literaturas Colombiana y Latinoamericana. Completó una maestría y su doctorado con énfasis en la literatura y cultura en español en la Universidad de Ottawa (Canadá). Sus áreas de interés incluyen los estudios de la memoria, los estudios de género y la poesía contemporánea. En la actualidad, realiza su actividad docente en Case Western Reserve University en Cleveland, Ohio.

1990: FÉRETROS DE CEMENTO

Los mangos caían
y se pudrían sobre la
tierra seca.
Nada era dulce
ni la tarde que caía
ni las sombras que lo envolvían todo
en la noche infinita
ni el amanecer macilento
que nos levantaba
sin alientos.
La ciudad gris
se destrozaba de a poquitos.
Las bombas se escondían
en las entrañas de los gusanos fosforescentes
hasta el estallido que aturdía los días,
las horas, los segundos rojos de la insanía.
En la ciudad de casas blancas
y grifos de oro
todo se negociaba,
los edificios de vidrios esmerilados,
los gimnasios fitness,
los carros,
los cuerpos,
y las conciencias.
Los Porsches y Mercedes corrían
con la cadencia asesina de las balas,
con la angustia,
con la incertidumbre.

La tarde ya no traía la brisa evanescente
que jugaba con las faldas a las cinco de cada día.
Los tacones de la rumba interminable
se alineaban con las carteras Louis Vuitton a juego
con la codicia y con el miedo.
El río, cada semana,
entregaba su saldo de
féretros de cemento.

2000: agosto de cometas, octubre de Goodwill

En realidad,
no, no queríamos salir de allí.
Aunque sonasen las bombas en las calles
y los campos albergasen personas como reses
encerradas entre celdas que pinchaban
con sus púas de cactus plateados,
no, nos queríamos ir,
ni dejar este sol de todos los días
ni las comidas familiares que se alargaban
con la risa de los tíos, las mesas llenas de primos
y de platos rebosantes salidos de las manos diestras
de esas mujeres adosadas a los fogones,
mujeres ceibas,
abuelas y madres de raíces firmes
que nos transfundían con la savia
para que creciéramos
fuertes como troncos,
y livianos como hojas de gualandayes,
para resistir cada embate,
para huir como jaguares,
nosotras,
nosotros,
mujeres y hombres,
éramos cuerpos en filtro de verano,
almas famélicas de esperanza.
Cada año, uno o muchos de nosotros,
nos íbamos.

Entonces, las sillas se guardaban,
La mesa iba menguando.
Las madres y las abuelas como ceibas,
como gigantes frazadas verdes,
ya no nos cobijaban entre sus pliegues de carne
ni podían escondernos de la violencia entre sus ropajes.
Las plagas pudrían sus raíces
y desbrozaban, con su veneno rojo,
en goteo perenne,
sus cuerpos descomunales
hasta reducirlos a la incertidumbre,
al polvo,
al vacío
de las hijas violentadas,
de las hijas muertas,
de los hijos desaparecidos,
de los hijos aterrorizados.
En cada agosto de cometas,
que bailaban sobre el cielo de los cables eléctricos,
el país se marchaba,
nos entregaba a sus hijas e hijos
a la diáspora del desencanto.
Salíamos así de la ciudad del sol
a las ciudades del frío,
con las ropas de telas livianas,
con álbumes de fotos como altares de muertos
en el fondo de maletas
que vaciábamos en espacios pequeños y fríos,
en centígrados, en Farenheit, en alma.

No, no queríamos partir,
pero acá llegábamos,
con las hojas irisadas
de rojo y amarillo,
nieve de otoño que caía en nuestras espaldas,
con abrigos del Goodwill y botas encharcadas,
esperando los buses de horarios milimétricos
en las estaciones limpias, ordenadas y grises,
cambiando silencios por más silencios,
intuyendo entrecejos fruncidos tras los gorros,
cumpliendo con las rutinas de cada oficio
para pagar el alquiler de casas iguales como bloques de legos,
siempre blancas, de techo rojo y prados de plástico,
sin gualandayes,
sin ceibas,
sin mesas concurridas,
sin más sonrisas que las de los meseros que esperan sus tips,
con el corazón magullado
porque no, no queríamos irnos.

Nancy B. Diana

NANCY B. DIANA nació en Argentina, se crió en Canadá y vive desde hace veinte años en Barcelona. Ha trabajado como actriz, locutora de radio y periodista. Obtuvo una beca del Setella Adler Studio of acting en Nueva York.

abolida en la pulpa de tus manos
la cordura
no una rosa mutilada ni un llanto a medias
duraznos enteros reventando el verano

me diste el bosque y la tarde de una sola bocanada
de las sabanas levanté la luz
(apenas pesaba)

en la esquina de tu cuello donde aún te espero
una pregunta vuelve al río y se desnuda

madreselva urgente
abierta en blanco y amarillo
mi boca busca eso

No es que no quiera o no pueda;
es que ya no hay pasos regresando por las tardes.
Una fragilidad insumisa. Toda palpitante y a punto de caer.
No ella. No la sangre.
Un caudal sin atemperar.
Y sin embargo, de toda el agua
verter solo una gota

Esa voz
no es donde habla que vibra sino aquí
en la piel de la garganta
penetra a través de la porosidad de los tejidos
los hace ondear como cortinas de ventanas abiertas
dice del amar
Dice de lo única
que es la vida dentro de mi nombre
Pero lo que resuena
sonido viscoso emergiendo de la grieta de una boca imbesable
hecha de barro o camino y sin embargo retorna
es un eco cayendo en la ladera helada
(Helada, aunque no del todo)

Y río abajo el otro duelo
Un espejo perturbado
pervertido por artificios de artificios
imágenes de imágenes
voces de voces
nubes
Ficciones
Y aunque yo no sepa del eco ni la voz
o dónde soy o quién escucha
no me importa eso cuando trepa
con el sol por la pared rocosa
no me importa cuando la escucho
y la roca me envuelve tibia
y cualquier hueco es una caverna

No
Cualquiera no

desnuda
con la potencia
de un ciego
frente al espejo

miro

la indigencia
del tiempo
o del alma
veo sombra

o luz

estremecerse en la grieta
desde donde la voz
o el río
me llama

ni el animal
ni la planta
inacabada
en la mitad

estoy

como una pregunta
que se quedó así

nacida

Alicia Fonteboa López

ALICIA FONTEBOA LÓPEZ nació en Lugo y reside en Madrid. Ha trabajado como maestra y profesora de Lengua Castellana. Tiene publicado el libro: *Literatura de Tradición Oral en el Bierzo* (1994). Participa en los libros colectivos: *Orígenes y Evolución del poblamiento en Ponferrada, una experiencia interdisciplinar* (1986); *Didáctica do folclore literario* (1995) y *Atlas Lingüístico de El Bierzo* (2002). Está incluida en la antología poética *Donde todo es confín* (2018).
Fue finalista del I Certamen de Microrrelatos «Sábado de Letras».

Si ya no hay tiempo de hombre
en los romances de cordel
ni en la caverna lírica de los ciegos

si el eco es solo una lengua-pájaro
y el viaje bíblico al monasterio
de la pasión una brasa memoria

¿adónde irán las cenizas yermas
aunque sean llamadas por el
impulso viril del viento?

¿adónde el Verbo madre
en los pétalos del bosque perdido?

¿en qué descuido
se nos dejó a meced
de lo que somos?

Huelen a gris lagarto las piedras de la calle

la lluvia fecunda el suelo de ojos
que miran   ascienden y penetran
                                    leyéndote
ojos que humedecen lo secreto

un *lagarto* viene
cuentas las lunas ciegas que ilustran
tus poemas de plástico
sin rima
con ritmo jadeante
    ceremonia muda

y entonces censuras la ausencia de medida
la ausencia de paraguas
que se ajuste al verso de tu cuerpo

/siempre llueve   destiñéndose
la letra más hermosa/

Suenan a vacío las cañerías
al otro lado hay caballos sedientos, galopan hacia el
vaso vacío   se mueven las paredes   nada   sin destino
tanto cansancio   otra vez lo mismo   cuerpo no-sagrario

          (que habitamos
          que nos habita)

Reconocen la pila bautismal inexistente, el alabastro en
                                     los ojos,
el agotamiento previo de lo que no encontrarán.
Es probable que los caballos vuelen despavoridos hacia
                                     el desierto.

Tenemos que abandonar el mármol de los ángeles antes
de que los caballos mueran de sed.

Cuando los sueños pájaro alcanzan el nido, son a mis ojos la soledad desahuciada del salón, el cuento de las Medias Azules en la papelera, la espiga sin cornezuelo sobre la mesa.

Hay una estrella llena de días al otro lado. El cuerpo gira y una voz responde a la extensión de mis pechos. El cerezo sigue blanco y es otoño.

Al despertar, los deseos pájaro son solo versiones del engaño, lengua arrendada en la noche. Porque sobre el muro de la casa un cuervo golpea su pico. Y sé que nos veremos morir.

Graciela Olave

GRACIELA OLAVE RAMOS nació en Concepción (Chile) en 1995 y actualmente reside en Barcelona. Es Licenciada en Literatura Hispánica por la Universidad de Chile y Máster en Comunicación Cultural por la Universidad de Barcelona.

Ha publicado en plataformas digitales con su propio nombre y bajo el seudónimo de Alma Ramos.

Actualmente conduce «Cotidiana Podcast», un espacio para hablar de literatura escrita por mujeres y anécdotas de la vida diaria.

adoro la escama suelta que dejas
cuando despiertas
y caminas descalza

hay un diablo metido entre las uñas
la esquina rota de tu falange
mordida
por los perros en tus sueños

aletear las dos en una
como un colibrí que nada
más alto de lo que vuela

y aun así la paciencia
y aun así la paciencia

este océano
                            no nos pertenece

recuerda que nadie machacará tus dedos
cuando cuelgues del acantilado

y si el hambre escuálida de los pájaros
revienta la carne bajo tus uñas
no podrás decir que no lo intentaste
habitar a toda piel
el punto más subterráneo de tu herida
trajinar
hasta desaguarte

cae y vibra contigo
el Salto del Laja

tengo mis excusas:
las rendijas
que me contienen
son distancias concretas
pero mutables

furia de agua en vertical
rompen el seso
rayos de *boost* descuerando
prepucio y esternón por igual

en su defecto atraviesan
horizontal laguna

                    y tu cuerpo
                    clavado rasga
                    mi punto áureo

el vendaval me avanza
hasta la punta de las uñas

romperse
no es nada
romperse
sí es nadar
cortar por la mitad
el océano

un salmón fileteado
yace bello igualmente
siendo espinazo en el basural
nada más simétrico:
la propia muerte partida en dos

las instrucciones eran claras: salinizar
la rasmilladura
como un lobo de mar
recién llegado al bosque
devorar primero lento
luego
se volvería natural
carcomerse las llagas
matar el hambre
inherente al descampado

respiras
y el olor del vacío
se confunde con el perfume del agua

Arantxa Rochet

ARANTXA ROCHET (Madrid, 1979) es periodista. Fue seleccionada en 2008 para formar parte del programa de la Red de Arte Joven de la Comunidad de Madrid y en 2011 ingresó en la III Promoción del Máster de Narrativa de la Escuela de Escritores de Madrid.

Ha participado en las antologías II Premio Ripley (Triskel, 2018), XXX Premio Ana María Matute (Torremozas, 2018) y Actos de F.E. (Cerbero, 2019). También ha publicado relatos y microrrelatos en revistas como *Temporales* de Nueva York, *La Gran Belleza*, *Cuentos para el Andén* o *La Rompedora*.

Como periodista ha colaborado con medios como Radio Nacional de España, *La Razón*, *Cambio 16* o *NTR Guadalajara* (México). En la actualidad trabaja como escritora de libros por encargo e imparte clases de escritura creativa y literatura fantástica en la Escuela de Escritores de Madrid.

Tiene publicado el libro de relatos *Jaulas de aire* (Torremozas, 2017).

Geometrías

En otras felicidades sucumbes,
infinito,
en círculos concéntricos
cada vez más lejos
del núcleo que fuiste,
en otros diagramas de cuerpo
te describes,
concéntricas igual
las risas,
en otros trapecios de piel
tu espalda enseña
geometría.
En otras posibilidades
infinitas/permutadas/inacabables
arrojas la espiral de tu tacto,
tan retorcida como inexacta,
tan perfecta sin embargo
para las mujeres nuevas.
En otras coordenadas,
en otro tiempo,
eras exacto y definitivo,
la línea secante en el punto justo,
la línea que hoy se aleja
indefinida y paralela.

Sofá blando

Cuando se tumba en un sofá blando, la corbata se escapa, volando, de su cuello, con sus alas de márgenes estrechos y su sudor de oficinista antiguo. Aprende a nadar entre las grietas del sueño, entre palabras veladas por tiempos pasados.

Él es un colegio de sofás aprendices de blando, el maestro elevado sin nombre ni atuendo. Cuando se tumba en un sofá blando, la mano del olvido le enseña su rostro y le diferencia del resto de los hombres.

Sofá blando II

Nuestro sofá blando es el tirabuzón estrecho del paso del
    tiempo,
el observador inmune del trasiego sordo,
una sombra injusta por lo que de injusto tiene la
    indiferencia.
Es una argolla y un ancla en tierra,
tus ojos polvorientos y el cansancio arrastrado.
Nuestro sofá es un cosmos doméstico y ambiguo,
los ladridos recios de la vuelta a clase,
el sedentarismo y la fatiga.

Indiferencia métrica

Hoy he buscado un rincón de identidad entre mis huesos.
Y he descubierto rabias licenciadas, sonrisas de niños
    cautivos,
una ojera temprana en mi mejilla.
He descubierto la claraboya por donde escapa hacia fuera
    el dolor del hombre.
Y me he asomado por su cerradura de plasma, de
ángulos cerrados, y lo he visto.
Que son traslúcidas tus cuencas de agua, las paredes de
    espejo,
el sudor hospedado en las puertas de la mente.
Bostezando al vacío tus gritos de nadie, de nada, de pozo.
Y a veces he deseado confundirme con tus manos de verbo,
y dejarme la vida en amores de trapo.
Para no tener que pensar así que soy yo, con mi
    indiferencia,
quien nos está matando.

M.ª Ángeles Rodríguez Rodríguez

M.ª ÁNGELES RODRÍGUEZ RODRÍGUEZ nació en Peñarru-
bia-Elche de la Sierra, Albacete. Es licenciada en Filología Hispá-
nica por la Universidad de Murcia. Trabaja como profesora de
lengua castellana y literatura en el IES Azorín de Petrer (Alicante).
Ha realizado diferentes cursos de postgrado y participado con
ponencias en jornadas, seminarios y congresos nacionales e inter-
nacionales relacionados con literatura y educación.

I

El vocablo se escapa
        se rompe
        se fragmenta
                    en la boca bullente
                    esbozo de una fuga
pura torsión en vuelo
danza de agua en las manos

        tú con él en lo efímero
            él en ti
        movimiento

II

Metáfora sedienta
        buscándose caudal

lo real surte límite
        no hay nombres
frágil el agua
        como frágil la sed

Llegas al mar
                lo escuchas
desde el monte fue causa
ahora
        cauce
        colina
        agua turquesa

su soledad enhebras
policromía de mundo
                        tus coordenadas

presentes los enigmas
ignota la palabra
                    respiras

Estás ahí   con otras
sus sonidos te llegan como herrumbre
te alejan
respiras la tarde   es invierno
en esa hibernación trazas el mapa

la lluvia subcutánea discurre
                    sigilosa
                    abierta ya te sueñas
                    no encubres el parto

El mar como intestino
engulle orgánicos volúmenes

                                  sus cuerpos

hondura mineral
la mácula del hambre

el agua traga huellas
preguntas y fonéticas

bajo la turbia luz de un cielo cítrico

Lourdes Gabriela Soto Martínez

LOURDES GABRIELA SOTO MARTÍNEZ nació en Honduras
y reside en Zaragoza. Está incluida en diversas antologías.

Un tornado de peces
habita en la pupila
de mi corazón.
No hay unción
en la espera,
ansiado manjar
de los santos.
No hay redención
para esta oscuridad
que camina.
Sombra de días,
maldito holocausto
de sentir entre mis piernas
la libertad de no ser estrella
para cambiar el rumbo
del aullido
de perra herida.

EXTRANJERAS

Como la arena de mar,
ellas se cuentan.
Imbatibles e invisibles
van por la vida
desojando chiriviscas
en pleno abril.
Renuncian a la patria
que cuelga en sus pupilas.
Dan lo que tienen
a hijos de otro continente;
ancianos de una guerra.
Se visten de colores,
pañuelos de otras fronteras.
Son tormenta suave,
relámpago en muchos lenguajes.
Arropan al silencio de sus deseos
con tal de calmar el hambre
que destroza sus huesos.

PENÉLOPE O CALIPSO

Son las tres de la mañana
la ansiedad golpea mi sábana de agua.
No sé si tú fuiste el héroe o el villano,
pienso que desperdiciaste tu destino
entregándolo a los cuervos.
En cada momento repaso el eterno verano
que acompañaba nuestros sueños,
me interrogo como fiel inquisidora
por no haberte obligado a escapar de esa tierra
donde solo se cosecha muerte.
Sé que hubo una despedida digna de ser
escrita por Homero.
Acá estoy, peleando por ser Penélope o Calipso.
O un poco de las dos,
o ninguna de ellas.

DECÁLOGO

Hago un decálogo
de las cosas que no hice bien.
Me doy cuenta, soy un búho
que ha destrozado su nido.
En el bardo Thodol,
los muertos
me piden que recite oraciones
para hacer menos pesado el viaje.
–Tanto perdón que suplicar–
Mas mi corazón
busca la escalera
para salir de la culpa.
De golpe, maya
me consume.
Es por ella,
que veo mi sombra.
Tan grande como un Baoba
cubriendo a la rosa.
Por eso mi decálogo contiene
exilio,
memorias de risa
cuando aprenda
a perdonar al espejo.

Érika Soto Moreno

ÉRIKA SOTO MORENO nació en Zaragoza, aunque ha pasado la mayor parte de su vida en Barcelona Durante las últimas dos décadas, se ha dedicado a la enseñanza secundaria y, más esporádicamente, a la investigación en Filosofía y Teoría feminista.

Tras las líneas del crepúsculo
repliego las palabras.
Es hora de acabar esta batalla inútil,
la de poeta muda que hasta el éxtasis
agota el culto a la belleza sin propósito.
Letras muertas que nada tienen que decir
me miran resentidas.
Y ni aun así se callan las campanas
en mis sienes. Y ni aun así el clamor
sin casa desespera del silencio.

Franjas de amanecer
organizan el cielo
y el caminante añora
la tersura del día frente a un rostro
también libre de arrugas.
Es agudo el reclamo de la noche,
el abismo mullido de los pliegues,
su susurro entre líneas;
la oscuridad que invita a no decir
ya nada donde nadie escucha, a no
escribir lo que nadie lee,
a renunciar del todo
a una huella que sea menos vana
que un mensaje de amor bajo las olas.

Proclamo el verso escrito,
el que en sus formas tortuosas
recorre las palabras; el que,
con la mirada en las piruetas
que quedaron atrás, vacila y cae
con gravedad solemne;
el que hace que resuenen los silencios
y a la perplejidad de cada labio
mordido le reserva un túmulo.
Proclamo el verso que rechaza
la elocuencia del vómito,
el que mide las vísceras,
el verso creador, en suma,
contra los ecos espontáneos de la entraña.

Volverme noche, deshacer
en hilos demacrados
las luces del crepúsculo.
Ahogar la voz de fríos
rostros sin luna, replicarles
los ecos indolentes de sus pasos.

En mi frente, la marca solitaria del exilio;
en mi garganta, el llanto inoportuno a mediodía;
en mi mano, la tinta temblorosa del puñal.

Índice

Este libro,
número 374
de la Colección Torremozas,
se terminó de imprimir el día
29 de abril del año 2024,
aniversario del nacimiento
de Alejandra Pizarnik.